おはなしドリル　都道府県《とどうふけん》のおはなし　低学年

もくじ

日本《にほん》地図《ちず》

都道府県《とどうふけん》の名前《なまえ》と場所《ばしょ》を見《み》てみましょう。

1. 北海道《ほっかいどう》
2. 青森県《あおもりけん》
3. 岩手県《いわてけん》
4. 宮城県《みやぎけん》
5. 秋田県《あきたけん》
6. 山形県《やまがたけん》
7. 福島県《ふくしまけん》
8. 茨城県《いばらきけん》
9. 栃木県《とちぎけん》
10. 群馬県《ぐんまけん》
11. 埼玉県《さいたまけん》
12. 千葉県《ちばけん》
13. 東京都《とうきょうと》
14. 神奈川県《かながわけん》
15. 新潟県《にいがたけん》
16. 富山県《とやまけん》
17. 石川県《いしかわけん》
18. 福井県《ふくいけん》
19. 山梨県《やまなしけん》
20. 長野県《ながのけん》
21. 岐阜県《ぎふけん》
22. 静岡県《しずおかけん》
23. 愛知県《あいちけん》

24. 三重県《みえけん》

25. 滋賀県《しがけん》

26. 京都府《きょうとふ》

27. 大阪府《おおさかふ》

28. 兵庫県《ひょうごけん》

29. 奈良県《ならけん》

30. 和歌山県《わかやまけん》

31. 鳥取県《とっとりけん》

32. 島根県《しまねけん》

33. 岡山県《おかやまけん》

34. 広島県《ひろしまけん》

35. 山口県《やまぐちけん》

36. 徳島県《とくしまけん》

37. 香川県《かがわけん》

38. 愛媛県《えひめけん》

39. 高知県《こうちけん》

40. 福岡県《ふくおかけん》

41. 佐賀県《さがけん》

42. 長崎県《ながさきけん》

43. 熊本県《くまもとけん》

44. 大分県《おおいたけん》

45. 宮崎県《みやざきけん》

46. 鹿児島県《かごしまけん》

47. 沖縄県《おきなわけん》

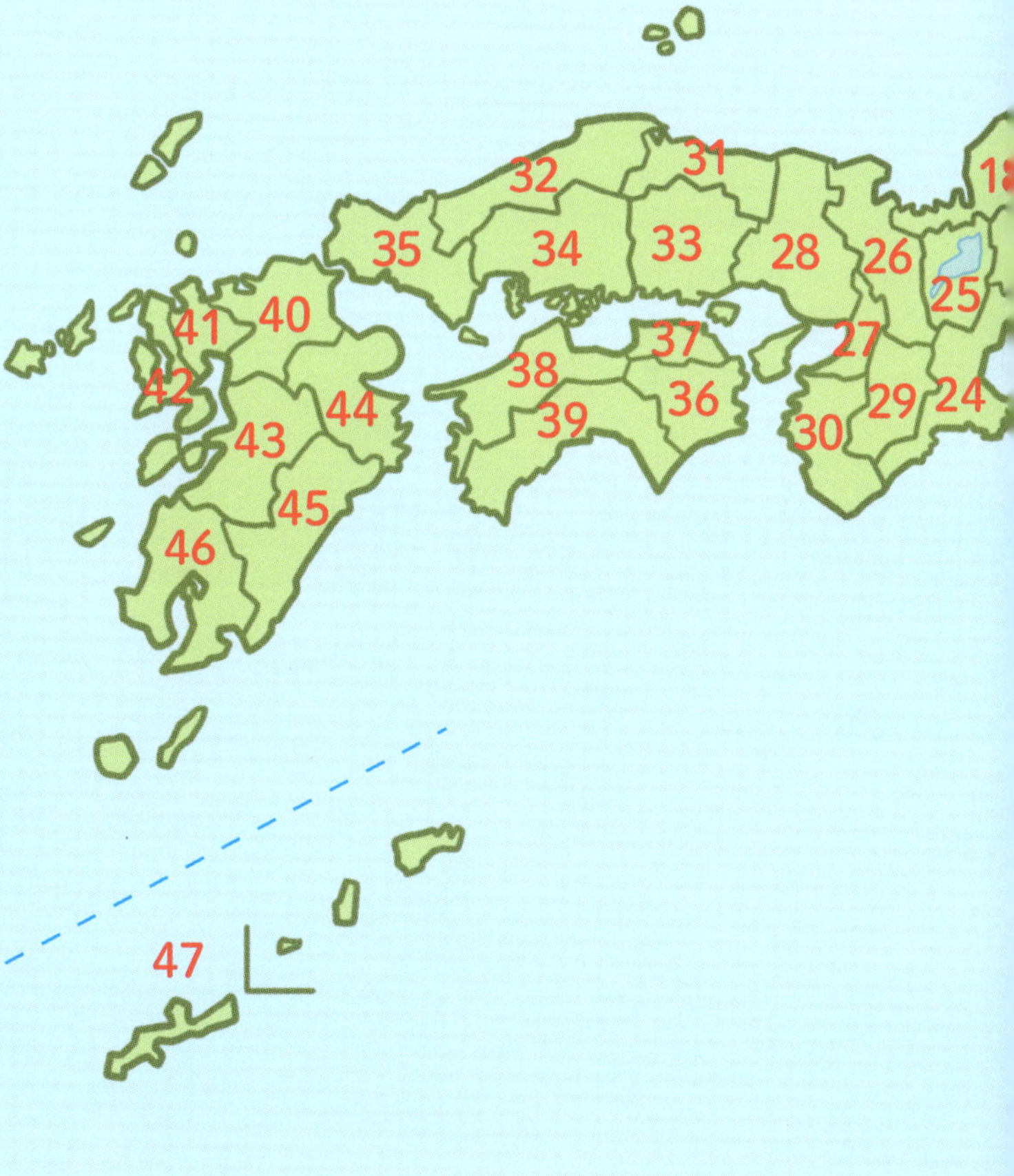

1 はじめに 都道府県《とどうふけん》って、なに？

日本《にほん》は、どんな形《かたち》をしているか知《し》っていますか。この本《ほん》の2～3ページにある地図《ちず》を見《み》てみましょう。大《おお》きいしま、小《ちい》さいしまなど、いろいろな形《かたち》のしまがあつまっています。

日本全体《にほんぜんたい》を、四十七《よんじゅうなな》の地《ち》いきに分《わ》けたものを、「都道府県《とどうふけん》」といいます。

「都《と》」がつくのは東京都《とうきょうと》の一《ひと》つだけです。「道《どう》」がつくのは北海道《ほっかいどう》で、これも一《ひと》つだけです。「府《ふ》」がつくのは、大阪府《おおさかふ》と京都府《きょうとふ》の二《ふた》つあります。そして「県《けん》」がつくのは四十三《よんじゅうさん》あります。

いちばん大《おお》きな都道府県《とどうふけん》は、北海道《ほっかいどう》です。いちばん小《ちい》さい都道府県《とどうふけん》は、香川県《かがわけん》です。それぞれの形《かたち》をよく見《み》ていると、いろんな形《かたち》にも見《み》えてきま

読《よ》んだ日《ひ》　月《がつ》　日《にち》

❶ 日本《にほん》は、何《なに》があつまってできていますか。一《ひと》つに○をつけましょう。

ア 二《ふた》つの大《おお》きいしま。
イ 二《ふた》つの小《ちい》さいしま。
ウ いろいろな形《かたち》のしま。
エ 四十七《よんじゅうなな》のしま。

❷ 都道府県《とどうふけん》のうち、「都《と》」がつくものはいくつありますか。

（　　）つ

す。たとえば山形県《やまがたけん》は女《おんな》の人《ひと》の横顔《よこがお》に、静岡県《しずおかけん》は金魚《きんぎょ》の形《かたち》に、愛知県《あいちけん》はくわがた虫《むし》の頭《あたま》のようにも見《み》えます。

みなさんがすんでいる都道府県《とどうふけん》は、どこでしょうか。見《み》つけてみましょう。その上《うえ》や下《した》、右《みぎ》や左《ひだり》には、どんな都道府県《とどうふけん》があるのかも、かくにんしてみてください。

3 都道府県《とどうふけん》のうち、いちばん数《かず》が多《おお》いものは何《なん》ですか。一《ひと》つに○をつけましょう。

ア 都《と》　イ 道《どう》
ウ 府《ふ》　エ 県《けん》

4 形《かたち》が、女《おんな》の人《ひと》の横顔《よこがお》のように見《み》える県《けん》は、どこですか。

（　　　　）県《けん》

5 愛知県《あいちけん》の形《かたち》は、何《なん》のように見《み》えますか。（　）に合《あ》う言《こと》葉《ば》を書《か》きましょう。

（・　　　　）の頭《あたま》。

2

北海道《ほっかいどう》 野生《やせい》のどうぶつに出会《であ》える

日本《にほん》のもっとも北《きた》にある北海道《ほっかいどう》。この本《ほん》の2〜3ページの地図《ちず》を見《み》ると、都道府県《とどうふけん》の中《なか》でいちばん大《おお》きいことがわかります。

北海道《ほっかいどう》の富良野地方《ふらのちほう》には、ラベンダーばたけが広《ひろ》がっています。ラベンダーは、青《あお》むらさき色《いろ》の小《ちい》さな花《はな》がたくさんさきます。そして、花《はな》やはっぱからは、とてもよいかおりがします。ラベンダーばたけは七月《しちがつ》が見《み》ごろで、はるか地《ち》平線《へいせん》のかなたまで、うつくしい青《あお》むらさき色《いろ》にそまります。

しぜんにめぐまれた北海道《ほっかいどう》の知床半島《しれとこはんとう》には、野《や》

読《よ》んだ日《ひ》　月《がつ》　日《にち》

❶ 北海道《ほっかいどう》は、日本《にほん》のどこにありますか。

（　　　　）

❷ 富良野地方《ふらのちほう》のラベンダーばたけは、いつが見《み》ごろですか。

（　　　　）

❸ 知床半島《しれとこはんとう》にいる野生《やせい》どうぶつのなかで、ふわふわの毛《け》をもっているものは何《なん》ですか。

（　　　　）

生《せい》のどうぶつが多《おお》くくらしています。ふわふわの毛《け》をもつきたきつね。おすは角《つの》が大《おお》きくてりっぱなえぞしか。小《ちい》さなえぞりすは、木《き》のあなにすんでいます。

それから、知床半島《しれとこはんとう》にはひぐまもくらしています。もしひぐまに出会《であ》ってしまったら、走《はし》ってにげたり、大《おお》きな声《こえ》でさけんだりしてはいけません。ひぐまはびっくりすると、人間《にんげん》をおそうからです。体《からだ》をひぐまの方《ほう》にむけたまま、じりじりと後《うし》ろに下《さ》がり、遠《とお》ざかるようにします。

知床《しれとこ》の海《うみ》には、くじら、いるか、あざらしなどのどうぶつも多《おお》くくらしています。

4 ひぐまと出会《であ》ってしまったら、どうすればよいですか。正《ただ》しいほうに○をつけましょう。

ア 大《おお》きな声《こえ》でさけんでひぐまをびっくりさせてから、走《はし》ってにげる。

イ 体《からだ》をひぐまの方《ほう》にむけたまま、じりじりと後《うし》ろに下《さ》がって遠《とお》ざかる。

5 知床《しれとこ》の海《うみ》にくらすどうぶつとして、いるかとあざらしのほか、何《なに》をあげていますか。

（　　）

3

青森県《あおもりけん》

にぎやかな、ねぶたまつり

青森《あおもり》では、有名《ゆうめい》なおまつりが夏《なつ》にあります。それは、ねぶたまつりです。

「ラッセラー、ラッセラー。」

まつりの夜《よる》。元気《げんき》なかけ声《ごえ》とともに、「ねぶた」とよばれる大《おお》きな人形《にんぎょう》をのせた、山車《だし》がやって来《き》ました。まわりでは、色《いろ》とりどりのいしょうをきた「ハネト」が、ぴょんぴょんとびはねています。

　くふうをこらして作《つく》られたさまざまな「ねぶた」は、つぎつぎにやって来《き》ます。だれでも、いしょうをきれば「ハネト」としておどることができます。

❶ ねぶたまつりが行《おこな》われるきせつは、いつですか。

（　　　　）

❷ 「ねぶた」とは、何《なん》ですか。一《ひと》つに○をつけましょう。

ア まつりの元気《げんき》なかけ声《ごえ》。

イ まつりの山車《だし》にのった大《おお》きな人形《にんぎょう》。

ウ まつりできる、色《いろ》とりどりのいしょう。

エ 「ハネト」としておどる人《ひと》たち。

読《よ》んだ日《ひ》　月《がつ》　日《にち》

4 岩手県

ぎざぎざの、リアス海岸《かいがん》

岩手県《いわてけん》の三陸海岸《さんりくかいがん》は、どうなっているのでしょうか。この本《ほん》の2〜3ページの地《ち》図《ず》を見《み》てください。ぎざぎざしているのがわかりますね。このようにぎざぎざの海岸《かいがん》を、リアス海岸《かいがん》とよびます。

このリアス海岸《かいがん》の近《ちか》くの海《うみ》では、しおのながれがよくなっていて、りっぱなわかめがそだちます。おきあいの海《うみ》では、おいしい魚《さかな》がとれることが、せかいてきに有名《ゆうめい》です。たい、あじ、さけなどの魚《さかな》が、たくさんとれます。

読んだ日　月　日

❶ 三陸海岸《さんりくかいがん》は、どうなっていますか。（　）に合《あ》う言葉《ことば》を書《か》きましょう。

・（　　　　）している。

❷ リアス海岸《かいがん》の近《ちか》くの海《うみ》でりっぱなわかめがそだつのはなぜですか。（　）に合《あ》う言《こと》葉《ば》を書《か》きましょう。

・しおの（　　　　）がよくなっているから。

5

宮城県《みやぎけん》

おいしいお米《こめ》にひとめぼれ

宮城県《みやぎけん》の真《ま》ん中《なか》あたりには、たいらな土地《とち》が広《ひろ》がっていて、米作《こめづく》りがさかんです。ここで多《おお》くさいばいされている「ひとめぼれ」は、宮城県《みやぎけん》で生《う》まれたいねのしゅるいの一《ひと》つです。

「一目見《ひとめみ》ただけですきになる」といういみの「ひとめぼれ」。一口食《ひとくちた》べただけで、「おいしい！」と、すきになってほしい。そんなねがいをこめて作《つく》られているお米《こめ》なのかもしれませんね。

読《よ》んだ日《ひ》　　月《がつ》　　日《にち》

❶ 宮城県《みやぎけん》の真《ま》ん中《なか》あたりに広《ひろ》がる土地《とち》では、何《なに》がさかんですか。三字《さんじ》で書《か》きましょう。

❷ 「ひとめぼれ」は、どんなねがいをこめて作《つく》られていると考《かんが》えられますか。（　）に合《あ》う言葉《ことば》を書《か》きましょう。

・（　　　　）食《た》べただけで、すきになってほしいというねがい。

6 秋田県

なまはげは、こわい？

大《おお》みそかの夜《よる》です。

「なぐごはいねが（なく子《こ》はいないか）！」

おにが、木《き》でできたほうちょうをふり回《まわ》しながら、家《いえ》に入《はい》ってきました。家《いえ》の人《ひと》は、おさけなどを出《だ》して、おにをもてなします。そして、おにはつぎの家《いえ》へとむかいました。

村人《むらびと》がふんしているこのおには、「なまはげ」とよばれます。なまけていたり、けんかをしていたりすると、「なまはげ」はそれをいましめてくれます。「なまはげ」は、こわいかっこうをしていますが、人《ひと》びとにしあわせをもたらしてくれる、山《やま》のかみさまのつかいなのです。

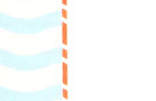

❶ 「なまはげ」が家《いえ》に入《はい》ってくるのはいつですか。（　）に合《あ》う言葉《ことば》を書《か》きましょう。

・（　　　　）の夜《よる》。

❷ 「なまはげ」は、どんなことをしますか。一《ひと》つに○をつけましょう。

ア 家《いえ》の人《ひと》におさけを出《だ》す。

イ なまけている人《ひと》などをいましめる。

ウ みんなにこわいかっこうをさせる。

読んだ日　月　日

7

山形県《やまがたけん》
大《だい》すき、さくらんぼ

くだもの王国《おうこく》の山形県《やまがたけん》。なかでも、人気《にんき》のさくらんぼは、夏《なつ》のはじめにしゅうかくされます。

さくらんぼは元《もと》もと、明治時代《めいじじだい》に、外国《がいこく》からやって来《き》たくだものです。さいしょは、日本全国《にほんぜんこく》でさいばいされていましたが、しもや、台風《たいふう》のひがいが少《すく》ない山形県《やまがた》で、よくそだつようになりました。

さくらんぼのさいばいには、おどろくほどの手間《てま》がかかります。かがやくほう石《せき》のような赤《あか》いみの一《ひと》つぶ一《ひと》つぶに、農家《のうか》の人《ひと》のくろうがつまっているのです。

❶ 山形県《やまがたけん》でさくらんぼがよくそだつのは、なぜですか。（　）に合《あ》う言葉《ことば》を書《か》きましょう。

・しもや（　　　　）のひがいが、少《すく》ないから。

❷ さくらんぼについて、正《ただ》しいものは、どれですか。一《ひと》つに○をつけましょう。

ア 冬《ふゆ》のはじめにしゅうかくされる。

イ 外国《がいこく》からやって来《き》た。

ウ さいばいするのに、手間《てま》はかからない。

読《よ》んだ日《ひ》　月《がつ》　日《にち》

8 福島県

五色《ごしき》ぬまのひみつ

しぜんがうつくしい福島県《ふくしまけん》の「うらばんだい」とよばれる地《ち》いきには、いくつかのぬまがあります。赤《あか》みがかっている「赤《あか》ぬま」、青白《あおじろ》く光《ひか》る「青《あお》ぬま」、見《み》る場所《ばしょ》によって水《みず》の色《いろ》がかわる「るりぬま」など。これらのぬまは、まとめて「五色《ごしき》ぬま」とよばれています。

五色《ごしき》ぬまは、どうしてできたのでしょうか。答《こた》えは、ばんだい山《さん》のふん火《か》です。ふん火《か》によって山《やま》がくずれ、どろが川《かわ》をせき止《と》め、くぼ地《ち》に水《みず》がたまってできたといわれています。山《やま》のふん火《か》によってきれいなぬまができるなんて、ふしぎですね。

❶ うらばんだいにあるぬまのうち、見《み》る場所《ばしょ》によって水《みず》の色《いろ》がかわるのは、どれですか。一《ひと》つに○をつけましょう。

ア　赤《あか》ぬま

イ　青《あお》ぬま

ウ　るりぬま

❷ 五色《ごしき》ぬまは、何《なに》によってできたのですか。（　）に合《あ》う言葉《ことば》を書《か》きましょう。

・ばんだい山《さん》の（　　　　）によって。

読んだ日　月　日

9

茨城県《いばらきけん》 なっとうで、元気《げんき》

茨城県《いばらきけん》の水戸市《みとし》は、なっとう作《づく》りがさかんなことで有名《ゆうめい》です。

むかし、源義家《みなもとのよしいえ》という人《ひと》が、水戸《みと》にとまったときのことです。馬《うま》のえさの「にまめ」ののこりをわらにつつんでいたところ、糸《いと》を引《ひ》くようになりました。それを家《け》来《らい》が食《た》べてみたらおいしかったので、義家《よしいえ》にさし上《あ》げました。それが、水戸《みと》でなっとうが作《つく》られたはじまりだといわれています。

なっとうのねばねばは、人間《にんげん》の体《からだ》にながれるけつえきを、さらさらにしてくれます。なっとうは、とても体《からだ》によい食《た》べものです。

読《よ》んだ日《ひ》　　月《がつ》　　日《にち》

❶ なっとう作《づく》りがさかんなのは、茨城県《いばらきけん》のどこですか。漢字三字《かんじさんじ》で書《か》きましょう。

[　　　]

❷ なっとうが、体《からだ》によい食《た》べものなのはなぜですか。（　）に合《あ》う言葉《ことば》を書《か》きましょう。

・なっとうの（　　）は、体《からだ》にながれるけつえきを、（　　）にしてくれるから。

日光《にっこう》のおさるさん

両手《りょうて》で目《め》をかくしている「見《み》ざる」、口《くち》をふさいでいる「言《い》わざる」、耳《みみ》をふさいでいる「聞《き》かざる」。ユニークな三《さん》びきのおさるさんのちょうこくは、栃木県《とちぎけん》の日光《にっこう》で見《み》ることができます。日光東照宮《にっこうとうしょうぐう》は、江戸《えど》ばくふをひらいた徳川家康《とくがわいえやす》をまつるためにたてられた、大《おお》きな神社《じんじゃ》です。

「見《み》ざる、言《い》わざる、聞《き》かざる」とは、「人間《にんげん》はわるいことを見《み》たり、言《い》ったり、聞《き》いたりしがちだが、それらはしないほうがよい」という教《おし》えです。

● 人間《にんげん》がしないほうがよい三《みっ》つのことをあらわしている、「見《み》ざる」、「言《い》わざる」、「聞《き》かざる」は、栃木県《とちぎけん》で見《み》ることができます。これらは何《なん》ですか。（　）に合《あ》う言葉《ことば》を書《か》きましょう。

・日光東照宮《にっこうとうしょうぐう》という大《おお》きな（　　　）にある、三《さん》びきのおさるさんの（　　　）。

読んだ日　月　日

11

群馬県《ぐんまけん》

こんにゃくで、おなかすっきり

おでんなどでおなじみの、こんにゃく。「こんにゃくは、おなかのすなおろし」という言葉《ことば》があります。こんにゃくには食物《しょくもつ》せんいが多《おお》くふくまれているので、食《た》べると体《からだ》の中《なか》のいらないものが外《そと》に出《だ》され、おなかの中《なか》がきれいになる、といういみです。

ところで、こんにゃくは何《なに》から作《つく》られるか知《し》っていますか。答《こた》えは、こんにゃくいもです。群馬県《ぐんまけん》では、はたけでこんにゃくいものさいばいがさかんで、こんにゃくの生《せい》さんりょうも、日本一《にほんいち》です。

❶ 「こんにゃくは、おなかのすなおろし」という言葉《ことば》から、こんにゃくに何《なに》が多《おお》くふくまれていることがわかりますか。

（　　　　）

❷ こんにゃくは、何《なに》から作《つく》られますか。（　）に合《あ》う言葉《ことば》を書《か》きましょう。

・はたけでさいばいされる

（　　　　）。

読《よ》んだ日《ひ》　月《がつ》　日《にち》

12

人気《にんき》のおやつ、草加《そう》《か》せんべい

おやつに人気《にんき》のせんべい。せんべいは、お米《こめ》から作《つく》られます。

埼玉県《さいたまけん》の草加市《そうかし》は、むかしから米《こめ》どころといわれ、おいしいお米《こめ》がとれることから、しょうゆあじのかたやきせんべいが、古《ふる》くから作《つく》られてきました。

むかしは、おいしいおやつがあまりありませんでした。せんべいは、おいしいうえに、長《なが》もちするので、おやつとして人《ひと》びとにあいされてきたのです。

今《いま》でも草加市《そうかし》には、せんべいやさんがたくさんあります。

❶ 草加市《そうかし》で古《ふる》くから作《つく》られてきたのは、どんなせんべいですか。（　）に合《あ》う言葉《ことば》を書《か》きましょう。

・（　　　　）あじの、
（　　　　）せんべい。

❷ せんべいには、どんなとくちょうがありますか。一《ひと》つに○をつけましょう。

ア　あまい。
イ　長《なが》もちする。
ウ　やわらかい。

読んだ日　月　日

13

千葉県《ちばけん》
日本《にほん》の空《そら》のげんかん

千葉県《ちばけん》にある成田《なりた》こくさい空港《くうこう》は、日本《にほん》と海外《かいがい》を行《い》き来《き》するひこうきが、出発《しゅっぱつ》したりとうちゃくしたりする、空《そら》のげんかんです。ここには、四千《よんせん》メートルもの長《なが》さの「かっ走路《そうろ》」があります。

かっ走路《そうろ》は、広《ひろ》くてまっすぐな道《みち》です。ひこうきは、いきなり空《そら》にとび立《た》つことはできません。かっ走《そう》路《ろ》をだんだんスピードを上《あ》げて走《はし》ることで、空《そら》にとび立《た》つことができるのです。

また、ひこうきは、きゅう

読《よ》んだ日《ひ》　月《がつ》　日《にち》

❶ 成田《なりた》こくさい空港《くうこう》について、正《ただ》しい文《ぶん》になるように、（　）に合《あ》う言葉《ことば》を書《か》きましょう。

・成田《なりた》こくさい空港《くうこう》は、（　　）県《けん》にあり、日《に》本《ほん》と（　　）を行《い》き来《き》する（　　）が、出発《しゅっぱつ》したりとうちゃくしたりする、空《そら》の（　　）だ。

に止《と》まることもできません。かっ走路《そうろ》を走《はし》りながら、だんだんスピードをおとしていきます。ひこうきがちゃくりくするときには、地面《じめん》にかなりの力《ちから》がかかります。そのため、かっ走路《そうろ》はとてもじょうぶに作《つく》られています。

ひこうきでの空《そら》のたびは、楽《たの》しいことがいっぱいです。ジュースなど、のみもののサービスがあります。食事《しょくじ》の時間《じかん》には「きない食《しょく》」が出《だ》されます。

ひこうきの中《なか》では、えいがや音楽《おんがく》を楽《たの》しむこともできますし、ふだんとちがう外《そと》のけしきをながめることもできます。地上《ちじょう》では雨《あめ》がふっていても、雲《くも》の上《うえ》では晴《は》れていますよ。

❷ 空港《くうこう》にある、ひこうきが走《はし》る広《ひろ》くてまっすぐな道《みち》のことを、何《なん》といいますか。四字《よじ》で書《か》きましょう。

□□□□

❸ かっ走路《そうろ》がじょうぶに作《つく》られているのは、なぜですか。正《ただ》しいほうに○をつけましょう。

ア おもいひこうきが空《そら》にとび立《た》つときに、地面《じめん》にかなりの力《ちから》がかかるため。

イ ひこうきがちゃくりくするときに、地面《じめん》にかなりの力《ちから》がかかるため。

14

東京都《とうきょうと》

東京《とうきょう》タワーと、東京《とうきょう》スカイツリー

東京都《とうきょうと》は、日本《にほん》の首都《しゅと》です。香川県《かがわけん》、大阪府《おおさかふ》についで全国《ぜんこく》で三番目《さんばんめ》にせまいのですが、多《おお》くの人《ひと》がくらしていて、人口《じんこう》は日本一《にほんいち》です。

その東京都《とうきょうと》にそびえるのが、東京《とうきょう》タワーです。高《たか》さは三百三十三《さんびゃくさんじゅうさん》メートル。上部《じょうぶ》のアンテナから、なだらかな曲線《きょくせん》がすそにむかって広《ひろ》がる、うつくしい形《かたち》のタワーには、「インターナショナルオレンジ」とよばれる黄赤色《きあかいろ》と、白色《しろいろ》が、こうごにぬられています。この東京《とうきょう》タワーは、テレビやラジオの電波《でんぱ》とうとして、ほうそう電波《でんぱ》をおくり出《だ》すためにけんせつされました。

読《よ》んだ日《ひ》　月《がつ》　日《にち》

❶ 東京都《とうきょうと》について、正《ただ》しい文《ぶん》はどれですか。一《ひと》つに○をつけましょう。

ア　香川県《かがわけん》よりせまい。
イ　大阪府《おおさかふ》より広《ひろ》い。
ウ　人口《じんこう》は日本《にほん》でいちばん少《すく》ない。

❷ 先《さき》にけんせつされたのは、東京《とうきょう》タワーですか、それとも東京《とうきょう》スカイツリーですか。

（　　　　）

さて、東京《とうきょう》タワーのまわりにしだいに高《たか》いビルがたつようになり、そのかげになる地《ち》いきに、電《でん》波《ぱ》がとどきにくくなるというもんだいが発生《はっせい》しました。そのため、新《あたら》しい電波《でんぱ》とうがひつようになりました。

そこでけんせつされたのが、東京《とうきょう》スカイツリーです。高《たか》さは六百三十四《ろっぴゃくさんじゅうよん》メートル。足元《あしもと》は三角形《さんかくけい》ですが、上《うえ》に行《い》くほど、よこの切《き》り口《くち》がどんどん円《まる》くなります。

東京《とうきょう》タワーも、東京《とうきょう》スカイツリーも、てんぼう台《だい》にのぼることができます。夜《よる》になるとさまざまな色《いろ》にライトアップされる二《ふた》つの東京《とうきょう》のシンボルは、都会《とかい》の夜《よる》のうつくしいけしきを作《つく》っています。

③ 東京《とうきょう》スカイツリーについて、正《ただ》しい文《ぶん》はどれですか。二《ふた》つに○をつけましょう。

ア 黄赤色《きあかいろ》と白色《しろいろ》が、こうごにぬられている。

イ 足元《あしもと》は三角形《さんかくけい》で、上《うえ》に行《い》くほど、よこの切《き》り口《くち》が四《し》角《かく》くなる。

ウ 高《たか》さは六百三十四《ろっぴゃくさんじゅうよん》メートルだ。

エ てんぼう台《だい》までのぼることはできない。

オ 夜《よる》になると、さまざまな色《いろ》にライトアップされる。

15

神奈川県《かながわけん》 みなと町《まち》、横浜《よこはま》

江戸時代《えどじだい》のおわりごろ、日本《にほん》は外国《がいこく》とのしなものの売《う》り買《か》いを、それまでよりも手広《てびろ》くはじめました。しなものをつんだ船《ふね》が出入《でい》りするみなとの一《ひと》つとして、横浜《よこはま》は、はってんしてきました。

そのころ、日本《にほん》から外国《がいこく》にはこばれていたしなもののトップは、何《なん》だと思《おも》いますか。答《こた》えは、生糸《きいと》です。生糸《きいと》とは、かいこが作《つく》る「まゆ」からつむいだ、きぬの糸《いと》です。ぎゃくに、外国《がいこく》から日本《にほん》にはこばれてきたしなもののトップは、もめんや毛《け》から作《つく》られた、おりものです。それから、たたかいのための「ぶき」も、外国《がいこく》から買《か》っていたようです。

読《よ》んだ日《ひ》　　月《がつ》　　日《にち》

1 横浜《よこはま》がはってんしてきたことについて、正《ただ》しい文《ぶん》になるように、（　）に合《あ》う言葉《ことば》を書《か》きましょう。

・（　　　）と売《う》り買《か》いする（　　　）（　　　）をつんだ（　　　）が、出入《でい》りする（　　　）の一《ひと》つとして、はってんしてきた。

さて、横浜《よこはま》にみなとがひらかれると、外国《がいこく》から人《ひと》もあつまるようになり、すみつく人《ひと》も出《で》てきました。中国人《ちゅうごくじん》も多《おお》く来《き》て、自分《じぶん》たちの国《くに》の文化《ぶんか》を大切《たいせつ》にし、たてものをたてたり、食事《しょくじ》ができる店《みせ》を作《つく》ったりしました。それが、横浜中華街《よこはまちゅうかがい》のはじまりです。

今日《こんにち》、横浜中華街《よこはまちゅうかがい》のきらびやかな門《もん》をくぐると、五百《ごひゃく》いじょうの店《みせ》が立《た》ちならんでいます。どの店《みせ》からも、いいにおいがただよってきます。

ギョーザ、チャーハン、肉《にく》まん……。これらはどれも、元《もと》は中国《ちゅうごく》から入《はい》ってきたりょうりです。

❷ 江戸時代《えどじだい》のおわりごろ、日本《にほん》から外国《がいこく》にはこばれていたしなもののトップは、何《なん》でしたか。二字《にじ》で書《か》きましょう。

❸ 横浜中華街《よこはまちゅうかがい》のはじまりについて、正《ただ》しい文《ぶん》になるように、（　）に合《あ》う言葉《ことば》を書《か》きましょう。

・横浜《よこはま》にすみついた（　　　）が、自分《じぶん》たちの国《くに》の文化《ぶんか》を大切《たいせつ》にし、たてものや、食事《しょくじ》ができる店《みせ》を作《つく》った。

16

新潟県《にいがたけん》
てんねんきねんぶつの、とき

「とき」という鳥《とり》を知《し》っていますか。ときは、「ターア」「グァー」「カッカッ」など、にごった声《こえ》で鳴《な》き、こうのとりやつるのように首《くび》をのばしたままとびます。

むかし、ときは日本《にほん》にたくさんいました。しかし、だんだんと数《かず》がへり、野生《やせい》のときはぜつめつしてしまいました。

新潟県《にいがたけん》の佐渡島《さどしま》は、野生《やせい》のときが多《おお》くすんでいました。今《いま》、この地《ち》には「佐渡《さど》トキ保護《ほご》センター」があり、中国《ちゅうごく》からおくられたときを大切《たいせつ》にそだてています。野生《やせい》のときがまた見《み》られるようになるといいですね。

❶ ときは、どんな鳥《とり》ですか。（　）に合《あ》う言葉《ことば》を書《か》きましょう。

・「ターア」など、（　　　　）声《こえ》で鳴《な》き、こうのとりや（　　　　）のように首《くび》をのばしたままとぶ鳥《とり》。

❷ むかしとくらべ、ときの数《かず》は、どうなりましたか。正《ただ》しいほうに○をつけましょう。

ア　ふえた。　イ　へった。

読《よ》んだ日《ひ》　月《がつ》　日《にち》

「しんきろう」って、なに？

「しんきろう」とは、そこには「ない」ものが「ある」ように見《み》える、しぜんげんしょうです。

地面《じめん》や海面《かいめん》の温度《おんど》と、気温《きおん》とのちがいが大《おお》きいときなどに、大気《たいき》中《ちゅう》で光《ひかり》がまがっておこります。

富山県魚津市《とやまけんうおづし》から見《み》える富山湾《とやまわん》には、一年《いちねん》に数回《すうかい》、多《おお》い年《とし》では二《に》十回《じっかい》くらい、しんきろうがあらわれます。じっさいには遠《とお》くにあるたてものなどの風《ふう》けいが、のびたり、さかさまになったりして、そこにあるように見《み》えるのです。ふしぎですね。

❶ そこにはないものが、あるように見《み》えるしぜんげんしょうのことを、何《なん》といいますか。五字《ごじ》で書《か》きましょう。

❷ 富山湾《とやまわん》にあらわれるしんきろうでは、遠《とお》くのたてものが、どのように見《み》えますか。正《ただ》しいほうに○をつけましょう。

ア 形《かたち》がかわって見《み》える。

イ 数《かず》がかわって見《み》える。

読んだ日　月　日

18

石川県《いしかわけん》 にぎやかな、朝市《あさいち》

「こうてくだぁー（買《か》ってください）。」

にぎやかなよび声《ごえ》がひびきます。石川県《いしかわけん》輪島《わじま》の朝市《あさいち》は、千年《せんねん》いじょうむかしからつづいています。近《ちか》くの海《うみ》でとれる新《しん》せんな魚《さかな》や、しゅうかくしたばかりのやさいのほか、「輪島《わじま》ぬり」とよばれる、うるしぬりのせいひんなど、工《こう》げい品《ひん》も売《う》られています。

「地元《じもと》の台所《だいどころ》」として、近《ちか》くにすむ人《ひと》にひつようとされ、長《なが》くつづいてきた朝市《あさいち》ですが、さいきんでは、かんこうきゃくも多《おお》くおとずれるようになっています。

❶ 輪島《わじま》の朝市《あさいち》で売《う》られている工《こう》げい品《ひん》として、何《なに》をあげていますか。（　）に合《あ》う言葉《ことば》を書《か》きましょう。

・「輪島《わじま》ぬり」とよばれる、（　　　　）のせいひん。

❷ 輪島《わじま》の朝市《あさいち》には、地元《じもと》の人《ひと》のほか、どんな人《ひと》がおとずれますか。

（　　　　）

読《よ》んだ日《ひ》　月《がつ》　日《にち》

19 福井県

冬《ふゆ》のごちそう、えちぜんがに

福井県《ふくいけん》でとれるおすのずわいがに※のことを、「えちぜんがに」とよびます。えちぜんがには、おいしいことで有名《ゆうめい》です。

なぜ、おいしいのでしょうか。一《ひと》つ目《め》の理由《りゆう》は、海《うみ》の地形《ちけい》です。海《うみ》のそこが、かいだんのようにふかくなっているので、かにがすみやすいのです。二《ふた》つ目《め》の理由《りゆう》は、冬《ふゆ》のさむさです。つめたい海《うみ》でそだったかには、みがきゅっと引《ひ》きしまって、おいしくなるのです。

※めすのずわいがには「せいこがに」とよばれます。

❶ えちぜんがにとは、どんなかにですか。（　）に合《あ》う言《こと》葉《ば》を書《か》きましょう。

・（　　　　）ことで有名《ゆうめい》な、おすの（　　　　）。

❷ ふかくなっている海《うみ》のそこを、何《なん》という言葉《ことば》でたとえていますか。

・（　　　　）のよう。

読んだ日　月　日

20

山梨県《やまなしけん》

なしではなく、ぶどう

みなさんにクイズです。山梨県《やまなしけん》でたくさんさいばいされているくだものは、何《なん》でしょうか。「山梨《やまなし》県《けん》だから、なし！」と思《おも》った人《ひと》はいませんか。クイズの答《こた》えは、ぶどうです。

山梨県《やまなしけん》の県名《けんめい》の由来《ゆらい》は、「山《やま》がつらなっている」といういみの「山成《やまな》し」からきたともいわれています。

そして、中央《ちゅうおう》に広《ひろ》がる甲府《こうふ》盆地《ぼんち》では、ぶどうのさいばいがさかんです。水《みず》はけがよく、太陽《たいよう》の光《ひかり》が当《あ》たる時間《じかん》が長《なが》いので、おいしいぶどうができるのです。

読《よ》んだ日《ひ》　月《がつ》　日《にち》

❶ 山梨県《やまなしけん》でたくさんさいばいされているくだものは、何《なん》ですか。

（　　　　）

❷ 甲府盆地《こうふぼんち》で、おいしいぶどうができるのは、なぜですか。（　）に合《あ》う言葉《ことば》を書《か》きましょう。

・（　　　　）がよく、太陽《たいよう》の（　　　　）が当《あ》たる時間《じかん》が長《なが》いから。

夏《なつ》でもすずしい気《き》こう

「日本《にほん》アルプス」とよばれる高《たか》くてけわしい山《やま》やまがつらなる長野県《ながのけん》は、夏《なつ》でもすずしい気《き》こうです。この気《き》こうを生《い》かして、ぼん地《ち》ではりんごやぶどうなどのくだもの作《づく》り、高原《こうげん》ではレタスや白《はく》さいなどのやさい作《づく》りがさかんです。

みなさんは「ひしょ」という言葉《ことば》を知《し》っていますか。「あつさをさける」といういみです。長野県《ながのけん》の軽井沢《かるいざわ》や上高地《かみこうち》は、「ひしょ地《ち》」として人気《にんき》です。夏《なつ》にはすずしさをもとめて、とくに多《おお》くのかんこうきゃくがおとずれます。

● 長野県《ながのけん》のぼん地《ち》や高原《こうげん》では、どんなものを作《つく》るのがさかんですか。（　）に合《あ》う言葉《ことば》を書《か》きましょう。

・（　　　）やぶどうなどのくだものや、レタスや（　　　）などの（　　　）。

読んだ日　月　日

22

岐阜県《ぎふけん》

がっしょうづくりの家《いえ》

がっしょうづくりとは、木《き》をてのひらを合《あ》わせたように山形《やまがた》に組《く》んだ、かやぶきやねの家《いえ》をいいます。やねの角度《かくど》がきゅうなため、冬《ふゆ》に雪《ゆき》がたくさんふっても、やねから雪《ゆき》がすべりおちて、つもりにくくなっています。

がっしょうづくりの家《いえ》は、江戸《えど》時代《じだい》中《なか》ごろから、昭和《しょうわ》のはじめにたてられました。しだいに数《かず》がへりつつあった、がっしょうづくりの家《いえ》ですが、大切《たいせつ》にまもろうといううごきが出《で》てきました。がっしょうづくりで知《し》られる白川郷《しらかわごう》には、外国《がいこく》からも多《おお》くのかんこうきゃくがおとずれています。

読《よ》んだ日《ひ》　月《がつ》　日《にち》

● がっしょうづくりとは、どんな家《いえ》ですか。（　）に合《あ》う言葉《ことば》を書《か》きましょう。

・木《き》を、（　　　）を合《あ》わせたように組《く》んでいる。

・かやぶきやねは、冬《ふゆ》にふる（　　　）がすべりおちて、つもりにくくなるように、角度《かくど》が（　　　）になっている。

八十八夜《はちじゅうはちや》の茶《ちゃ》つみ

「夏《なつ》も近《ちか》づく八十八夜《はちじゅうはちや》」という歌《うた》い出《だ》しで知《し》られる、「茶《ちゃ》つみ」という歌《うた》を知《し》っていますか。この歌《うた》にあるように、立春《りっしゅん》から数《かぞ》えて八十八日《はちじゅうはちにち》目《め》前《ぜん》後《ご》、四月《しがつ》のおわりから五月《ごがつ》のはじめごろに、茶《ちゃ》つみがはじまります。

静岡県《しずおかけん》は、古《ふる》くからお茶《ちゃ》のさいばいがさかんなことで知《し》られています。茶《ちゃ》ばたけはつやつやとした深緑色《ふかみどりいろ》ですが、新芽《しんめ》は黄緑色《きみどりいろ》です。この新芽《しんめ》をつみとると、あたり一面《いちめん》、お茶《ちゃ》のよいかおりにつつまれます。

❶ 立春《りっしゅん》から数《かぞ》えて八十八日目《はちじゅうはちにちめ》前後《ぜんご》にはじまるものは、何《なん》ですか。三字《さんじ》で書《か》きましょう。

❷ 茶《ちゃ》ばたけは、どんな色《いろ》をしていますか。一《ひと》つに○をつけましょう。

ア 茶色《ちゃいろ》
イ 深緑色《ふかみどりいろ》
ウ 黄色《きいろ》

読んだ日　月　日

24

愛知県《あいちけん》
金《きん》のしゃちほこと、三《さん》えいけつ

みなさんは、おしろを見《み》たことがありますか。日本全国《にほんぜんこく》には、いろいろなおしろがありますね。

愛知県《あいちけん》にある、名古屋城《なごやじょう》の天《てん》しゅかくには「金《きん》のしゃちほこ」が、きらきらとかがやいています。「しゃちほこ」は、すがたは魚《さかな》で、頭《あたま》はとらににて、おびれは空《そら》をむき、せなかにはするどいとげがあります。人間《にんげん》が考《かんが》えた、そうぞう上《じょう》のどうぶつですが、とても強《つよ》そうですね。「しゃちほこ」は、おしろのまもりがみとしてかざられているのです。

この名古屋城《なごやじょう》は、今《いま》から四百年《よんひゃくねん》いじょう前《まえ》に、

読《よ》んだ日《ひ》　月《がつ》　日《にち》

❶「金《きん》のしゃちほこ」は、名《な》古屋城《ごやじょう》のどこにありますか。五字《ごじ》で書《か》きましょう。

□□□□□

❷「しゃちほこ」は、どんな様子《ようす》をしていますか。（　）に合《あ》う言葉《ことば》を書《か》きましょう。

・すがたは魚《さかな》で、頭《あたま》は（　　）ににて、おびれは空《そら》をむき、せなかにするどい（　　）がある。

徳川家康《とくがわいえやす》が九男《きゅうなん》のためにきずいたといわれています。愛知県《あいちけん》に生《う》まれた家康《いえやす》は、たたかいの世《よ》の中《なか》をおわらせ、江戸《えど》にばくふをひらきました。

さて、たたかいの世《よ》の中《なか》をおわらせるために活《かつ》やくした人物《じんぶつ》は、家康《いえやす》のほかにもいました。天下《てんか》とういつの足《あし》がかりを作《つく》った織田信長《おだのぶなが》と、天下《てんか》とういつをなしとげた豊臣秀吉《とよとみひでよし》です。この信長《のぶなが》、秀吉《ひでよし》、家康《いえやす》の三人《さんにん》すべてが愛知県《あいちけん》（当時《とうじ》は尾張国《おわりのくに》と三河国《みかわのくに》）に生《う》まれました。この三人《さんにん》は「三《さん》えいけつ」とよばれ、今《いま》でもたたえられています。

❸ 「三《さん》えいけつ」について、正《ただ》しい文《ぶん》はどれですか。一《ひと》つに○をつけましょう。

ア 愛知県《あいちけん》に生《う》まれた徳川家《とくがわいえ》康《やす》は、名古屋《なごや》にばくふをひらいた。

イ 天下《てんか》とういつの足《あし》がかりを作《つく》った織田信長《おだのぶなが》は、名古《なご》屋城《やじょう》をきずいた。

ウ 愛知県《あいちけん》に生《う》まれた豊臣秀《とよとみひで》吉《よし》は、天下《てんか》とういつをなしとげた。

エ 江戸《えど》に生《う》まれた徳川家康《とくがわいえやす》は、たたかいの世《よ》の中《なか》をおわらせた。

25

三重県《みえけん》 しんじゅのひみつ

白《しろ》くかがやくほう石《せき》、しんじゅを見《み》たことがありますか。しんじゅは、貝《かい》からとれるほう石《せき》です。しんじゅは、しぜんにもできますが、人間《にんげん》の手《て》をくわえて作《つく》ることもできます。三重県《みえけん》の英虞湾《あごわん》では、しんじゅ作《づく》りがさかんです。

しんじゅ作《づく》りは、あこや貝《がい》をそだてることからはじめます。一《いち》、二年《にねん》かけて貝《かい》がそだつと、しんじゅのもとになるかくを、貝《かい》の中《なか》に入《い》れます。それから、おきの海《うみ》で貝《かい》が食《た》べものをとって、しんじゅがそだつようにします。そしてやっと、うつくしいしんじゅを、貝《かい》からとり出《だ》すことができるのです。

読《よ》んだ日《ひ》　月《がつ》　日《にち》

❶ 人間《にんげん》の手《て》をくわえてしんじゅを作《つく》る場合《ばあい》、何《なん》という貝《かい》をつかいますか。

（　　　　　　　）

❷ しんじゅ作《づく》りで、いちばんはじめにすることは、何《なん》ですか。一《ひと》つに○をつけましょう。

ア 一《いち》、二年《にねん》かけて、貝《かい》をそだてる。

イ しんじゅのもとになるかくを、貝《かい》の中《なか》に入《い》れる。

ウ おきの海《うみ》で、貝《かい》が食《た》べものをとるようにする。

信楽《しがらき》のたぬき

食《た》べものやさんの店先《みせさき》などで、たぬきのおきものを見《み》たことはありませんか。これは、滋賀県《しがけん》の信楽《しがらき》で作《つく》られています。

たぬきは「他《た》ぬき」で、「他《た》をぬく」といういみに通《つう》じます。このため、その店《みせ》の商売《しょうばい》がほかの店《みせ》よりもはんじょうするように、とのねがいをこめて、おいているようです。

すっかりたぬきのおきもので有名《ゆうめい》になった信楽《しがらき》ですが、元《もと》もと、よい土《つち》にめぐまれた、やきものの里《さと》として知《し》られていました。信楽《しがらき》では、お茶《ちゃ》わんなどの生活《せいかつ》に身近《みぢか》な食器《しょっき》も作《つく》られています。

❶ 食《た》べものやさんの店先《みせさき》などで見《み》かけるものは、何《なん》ですか。（　）に合《あ》う言葉《ことば》を書《か》きましょう。

・（　　　）のおきもの。

❷ 信楽《しがらき》は、たぬきのおきもので有名《ゆうめい》になる前《まえ》から、何《なに》として知《し》られていましたか。（　）に合《あ》う言葉《ことば》を書《か》きましょう。

・（　　　）の里《さと》。

読んだ日　月　日

27

京都府《きょうとふ》 千年《せんねん》のみやこ

十円玉《じゅうえんだま》のおもてを見《み》てみましょう。えがかれているのは、京都府《きょうとふ》にある平等院鳳凰堂《びょうどういんほうおうどう》です。でんせつ上《じょう》の鳳凰《ほうおう》という鳥《とり》が、羽《はね》を広《ひろ》げたような形《かたち》なので、この名前《なまえ》があります。平安時代《へいあんじだい》に、藤原頼通《ふじわらのよりみち》という人《ひと》によってたてられました。

今《いま》から千二百年《せんにひゃくねん》いじょう前《まえ》にはじまった平安時代《へいあんじだい》から、千年《せんねん》あまりもの長《なが》い間《あいだ》、京都《きょうと》は日本《にほん》のみやことして、はってんしました。みやことというのは、てんのうのすまいがある場所《ばしょ》をいいます。

読《よ》んだ日《ひ》　月《がつ》　日《にち》

❶ 十円玉《じゅうえんだま》のおもてにえがかれているのは、何《なん》ですか。一《ひと》つに○をつけましょう。

ア 平等院鳳凰堂《びょうどういんほうおうどう》

イ 羽《はね》を広《ひろ》げた鳳凰《ほうおう》。

ウ 藤原頼通《ふじわらのよりみち》

❷ 平安時代《へいあんじだい》から千年《せんねん》あまり、日本《にほん》のみやことしてはってんしたのはどこですか。二字《にじ》で書《か》きましょう。

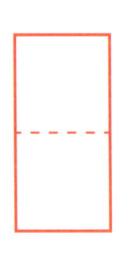

平等院鳳凰堂《びょうどういんほうおうどう》のほかにも、京都《きょうと》には有名《ゆうめい》な神社《じんじゃ》やお寺《てら》がたくさんあります。「清水《きよみず》のぶたいからとびおりる（思《おも》い切《き》ったことをする）」という言葉《ことば》でも知《し》られる清水寺《きよみずでら》、金色《きんいろ》に光《ひか》りかがやく金閣寺《きんかくじ》、おちついたふんい気《き》の銀閣寺《ぎんかくじ》などです。

これらのれきしあるたてものや、まちなみなどを見《み》るために、京都《きょうと》には日本国内《にほんこくない》からだけでなく、外国《がいこく》からも、たくさんのかんこうきゃくがおとずれます。

❸ 「清水《きよみず》のぶたいからとびおりる」という言葉《ことば》を正《ただ》しくつかっている文《ぶん》は、どちらですか。〇をつけましょう。

ア 清水《きよみず》のぶたいからとびおりるつもりで、コンクールにおうぼした。

イ 清水《きよみず》のぶたいからとびおりるつもりで、しんちょうに川《かわ》をわたった。

❹ 京都《きょうと》にある、金色《きんいろ》に光《ひか》りかがやくお寺《てら》は、どちらですか。〇をつけましょう。

ア 銀閣寺《ぎんかくじ》

イ 金閣寺《きんかくじ》

28 大阪府《おおさかふ》

おわらいと、たこやき

おもに二人組《ふたりぐみ》がボケとツッコミに分《わ》かれ、おもしろい会話《かいわ》をしておきゃくさんをわらわせる、まん才《ざい》。ときには道具《どうぐ》などもつかって、ちょっとしたおもしろいげきをえんじる、コント。テレビでも人気《にんき》の「おわらい」は、大阪《おおさか》でとくにさかんです。

大阪《おおさか》では、古《ふる》くから、歌舞伎《※かぶき》や文楽《※ぶんらく》といったげいのう文化《ぶんか》がつづいてきたことが、えいきょうしているのかもしれません。

また、大阪《おおさか》は「食《く》いだおれ」の町《まち》といわれます。「食《く》いだおれ」とは、食《た》べることにお金《かね》をかけ

❶ ボケとツッコミに分《わ》かれ、会話《かいわ》でおきゃくさんをわらわせるのは、何《なん》ですか。正《ただ》しいほうに○をつけましょう。

ア まん才《ざい》

イ コント

❷ 歌舞伎《かぶき》や文楽《ぶんらく》のことを、何《なん》といっていますか。（　）に合《あ》う言葉《ことば》を書《か》きましょう。

・古《ふる》くからつづいてきた（　　　　）文化《ぶんか》。

読《よ》んだ日《ひ》　　月《がつ》　　日《にち》

すぎて、びんぼうになるといういみですが、大阪《おおさか》にはそれだけおいしいものがたくさんある、ということからこのようにいわれます。

そんな大阪《おおさか》のしょみんのあじとして、全国《ぜんこく》に広《ひろ》まった食《た》べものがあります。それは、たこやきです。あつあつのたこやきを、ふうふう言《い》いながら食《た》べるのは、おいしくて楽《たの》しいものですね。

※歌舞伎《かぶき》……江戸時代《えどじだい》にかんせいした、日本《にほん》どくとくのしばい。
※文楽《ぶんらく》……三味線《しゃみせん》のばんそうに合《あ》わせてえんじる、あやつり人形《にんぎょう》のしばい。

❸ 「食《く》いだおれ」について、正《ただ》しい文《ぶん》になるように、（　）に合《あ》う言葉《ことば》を書《か》きましょう。

・食《た》べることにお金《かね》をかけすぎ、びんぼうになるといういみで、それだけ（　　　）ものが多《おお》いことから、大阪《おおさか》は、「食《く》いだおれ」の町《まち》といわれる。

❹ 大阪《おおさか》のしょみんのあじとして、全国《ぜんこく》に広《ひろ》まった食《た》べものは、何《なん》ですか。

（　　　）

29

兵庫県《ひょうごけん》

サイダーのたん生《じょう》

みなさんは、サイダーがすきですか。

今《いま》から百年《ひゃくねん》いじょう前《まえ》、兵庫県《ひょうごけん》の有馬温泉《ありまおんせん》にわき出《で》る「たんさん泉《せん》」に、さとうをくわえてあまくしたのが、サイダーのはじまりだといわれています。

このサイダーは、さいしょは、「てっぽう水《みず》」という名前《なまえ》で売《う》られていました。サイダーをびんに入《い》れてふたをすると、たんさんの強《つよ》い力《ちから》でふたがとんでしまうということから、そうよばれていたようです。

❶ サイダーについて、正《ただ》しい文《ぶん》になるように、（　）に合《あ》う言葉《ことば》を書《か》きましょう。

・有馬温泉《ありまおんせん》にわき出《で》る「たんさん泉《せん》」に、（　　　）をくわえたものがはじまりといわれる。

❷ サイダーの入《はい》ったびんのふたがとんでしまうのは、サイダーに何《なに》が入《はい》っているからですか。四字《よじ》で書《か》きましょう。

読《よ》んだ日《ひ》　月《がつ》　日《にち》

大仏《だいぶつ》さまと、しか

むかし、京都《きょうと》にみやこがうつされる前《まえ》の時代《じだい》を奈良時代《ならじだい》といい、奈良《なら》にみやこがおかれていました。

その時代《じだい》、てんのうのねがいによってつくられたのが、東大寺《とうだいじ》の大仏《だいぶつ》です。この大仏《だいぶつ》は、高《たか》さが、やく十五《じゅうご》メートルもあります。大仏《だいぶつ》をつくるために、のべ二百六十万《にひゃくろくじゅうまん》人《にん》もの人《ひと》が工事《こうじ》にかかわったそうです。

東大寺《とうだいじ》のある奈良公園《ならこうえん》には、多《おお》くの野生《やせい》のしかがすんでいます。かみさまのつかいといわれ、大切《たいせつ》にほごされているこのしかは、はるかむかしから、この地《ち》にくらしてきたのです。

① むかし、奈良《なら》から京都《きょうと》にうつったものは、何《なん》ですか。一《ひと》つに○をつけましょう。

ア みやこ
イ 大仏《だいぶつ》
ウ 奈良公園《ならこうえん》

② 奈良公園《ならこうえん》に、たくさんすんでいるものは、何《なん》ですか。五《ご》字《じ》で書《か》きましょう。

読んだ日　月　日

31

和歌山県《わかやまけん》
うめ〜、うめ

おにぎりのぐとしても人気《にんき》のうめぼし。すっぱいですが、食《た》べると元気《げんき》が出《で》てきますね。

和歌山県《わかやまけん》では、うめの生《せい》さんがさかんです。日《ひ》当《あ》たりがよく、水《みず》はけのよい土地《とち》で、うめはよくそだちます。なかでも、みが大《おお》きなしゅるいのうめが発見《はっけん》され、和歌山県立《わかやまけんりつ》南部高等学校《みなべこうとうがっこう》が中心《ちゅうしん》となって生《せい》さんしたため、「南高《なんこう》うめ」と命名《めいめい》されました。

南高《なんこう》うめは、高級《こうきゅう》でおいしいうめとして、全国《ぜんこく》てきに有名《ゆうめい》です。

❶ うめは、どのような土地《とち》でよくそだちますか。（　）に合《あ》う言葉《ことば》を書《か》きましょう。

・日当《ひあ》たりと（　　　）がよい土地《とち》。

❷ 和歌山県立南部高等学校《わかやまけんりつみなべこうとうがっこう》が中心《ちゅうしん》となって生《せい》さんしたうめには、何《なん》という名前《なまえ》がつけられましたか。四字《よじ》で書《か》きましょう。

読《よ》んだ日《ひ》　月《がつ》　日《にち》

32

鳥取県

さきゅうって、なに？

鳥取市《とっとりし》の海《うみ》ぞいには、さきゅうが広《ひろ》がっています。これは、人間《にんげん》がすなをはこんで作《つく》ったものではありません。しぜんの力《ちから》で、長《なが》い年月《ねんげつ》の間《あいだ》に作《つく》られたものです。

さきゅうには、風《かぜ》によって作《つく》り出《だ》される「風《ふう》もん」という、すなのもようが見《み》られます。また、地下《ちか》から水《みず》がわき出《で》ている「オアシス」もあります。

さきゅうのまわりでは、※かんがいがすすめられ、らっきょうのさいばいがさかんです。

※かんがい……土地《とち》を水《みず》でうるおすこと。

❶ さきゅうの地下《ちか》から水《みず》がわき出《で》ているところを、何《なん》といいますか。正《ただ》しいほうに○をつけましょう。

ア 風《ふう》もん

イ オアシス

❷ さきゅうのまわりでは、何《なに》のさいばいがさかんに行《おこな》われていますか。

（　　　　）

読んだ日　月　日

33

島根県《しまねけん》
宍道湖《しんじこ》のしじみ

島根県《しまねけん》の宍道湖《しんじこ》は、しじみが多《おお》くとれることで有名《ゆうめい》なみずうみです。

しじみには、人間《にんげん》の体《からだ》にひつようなえいようが、バランスよくふくまれています。ちょっとつかれたときなど、しじみのおみそしるをのむと、元気《げんき》になります。

宍道湖《しんじこ》ではほかにも、すずき、しらうお、こい、うなぎ、もろげえび、あまさぎなどがとれます。

また、宍道湖《しんじこ》から見《み》える夕日《ゆうひ》は、とてもきれいなので、多《おお》くのかんこうきゃくがおとずれます。

❶ 宍道湖《しんじこ》でたくさんとれる貝《かい》は、何《なん》ですか。

（　　　　）

❷ 宍道湖《しんじこ》に多《おお》くのかんこうきゃくがおとずれるのは、なぜですか。（　）に合《あ》う言葉《ことば》を書《か》きましょう。

・みずうみから見《み》える（　　　　）が、とてもきれいだから。

読《よ》んだ日《ひ》　月《がつ》　日《にち》

ももたろうと、きびだんご

むかしばなしの「ももたろう」を知《し》っていますか。「ももたろう」の話《はなし》は、日本《にほん》の多《おお》くの土地《とち》につたわっています。なかでも、岡山県《おかやまけん》につたわる話《はなし》が有名《ゆうめい》です。

岡山県《おかやまけん》には、ももたろうのモデルといわれる※吉備津彦命《きびつひこのみこと》をまつる吉備津神社《きびつじんじゃ》や、おにがとりでをきずいてすんでいたといわれる、鬼ノ城《きのじょう》のいせきがあります。

また「おこしにつけたきびだんご、一《ひと》つわたしにくださいな」と歌《うた》われるきびだんごは、岡山名物《おかやまめいぶつ》として、親《した》しまれています。

※吉備津彦命《きびつひこのみこと》……日本《にほん》でもっとも古《ふる》いれきし書《しょ》である『古事記《こじき》』にも登場《とうじょう》する、神《しん》話上《わじょう》の人物《じんぶつ》。

❶ 「ももたろう」の話《はなし》について、正《ただ》しい文《ぶん》は、どちらですか。○をつけましょう。

ア 日本《にほん》のいろいろな土地《とち》につたわっている。

イ 岡山県《おかやまけん》にだけつたわっている。

❷ 歌《うた》にも出《で》てきて、岡山名物《おかやまめいぶつ》として親《した》しまれているおかしは、何《なん》ですか。

（　　　）

読んだ日　月　日

35

広島県《ひろしまけん》 安芸《あき》の宮島《みやじま》

JR《ジェイアール》宮島口駅前《みやじまぐちえきまえ》にあるさんばしからフェリーにのり十分《じっぷん》ほどすすむと、厳島《いつくしま》にとうちゃくします。海《うみ》の上《うえ》にそびえ立《た》つ大《おお》きな赤《あか》い鳥居《とりい》が、厳島《いつくしま》のシンボルです。

厳島《いつくしま》は、「安芸《あき》の宮島《みやじま》」ともよばれます。安芸《あき》というのは、このあたりのむかしの地名《ちめい》、宮島《みやじま》というのは、お宮《みや》（厳島神社《いつくしまじんじゃ》）のあるしまといういみです。

安芸《あき》の宮島《みやじま》はむかしから、しまそのものが、しんせいな場所《ばしょ》と考《かんが》えられてきました。また、けしきのうつくしいことで有名《ゆうめい》です。

❶ 厳島《いつくしま》のシンボルは何《なん》ですか。（　）に合《あ》う言葉《ことば》を書《か》きましょう。

・（　　）の上《うえ》にそびえ立《た》つ、大《おお》きな（　　）鳥居《とりい》。

❷ 厳島《いつくしま》のあたりは、むかしは何《なん》という地名《ちめい》でしたか。正《ただ》しいほうに○をつけましょう。

ア 安芸《あき》

イ 宮島《みやじま》

読《よ》んだ日《ひ》　月《がつ》　日《にち》

36 山口県

秋吉台《あきよしだい》と、秋芳洞《あきよしどう》

山口県《やまぐちけん》の秋吉台《あきよしだい》は、広大《こうだい》なカルスト台地《だいち》です。カルスト台地《だいち》とはいったい何《なん》でしょうか。石灰岩《せっかいがん》がたくさんふくまれている土地《とち》が、長《なが》い年月《ねんげつ》のうちに、雨水《あまみず》にとけてでき上《あ》がったのがカルスト台地《だいち》です。カルスト台地《だいち》では、とけのこった石灰岩《せっかいがん》のかたまりが、草原《そうげん》からたくさん顔《かお》を出《だ》しています。これはまるで、ひつじのむれのように見《み》えます。

カルスト台地《だいち》の地下《ちか》には、どうくつができます。秋吉台《あきよしだい》の下《した》のどうくつは、秋芳洞《あきよしどう》とよばれています。

しぜんの力《ちから》によってできた、ふしぎな地形《ちけい》です。

❶ 石灰岩《せっかいがん》が多《おお》くふくまれている土地《とち》が、長《なが》い間《あいだ》に雨水《あまみず》にとけてでき上《あ》がったもののことを、何《なん》といいますか。

（　　　　）

❷ 秋吉台《あきよしだい》の下《した》には、何《なに》がありますか。（　）に合《あ》う言葉《ことば》を書《か》きましょう。

・秋芳洞《あきよしどう》とよばれる（　　　　）。

読んだ日　月　日

37

徳島県《とくしまけん》
あわおどりって、なに？

「手《て》を上《あ》げて、足《あし》をはこべば、あわおどり」といわれるように、あわおどりは、大人《おとな》も子《こ》どもも楽《たの》しめるおどりです。

あわおどりは、両手《りょうて》を上《あ》げたしせいで、右手《みぎて》と右足《みぎあし》、左手《ひだりて》と左足《ひだりあし》をそれぞれ同時《どうじ》に、こうごに前《まえ》につき出《だ》しながらおどります。三味線《しゃみせん》、たいこ、ふえなどの音楽《おんがく》が、二《に》びょうしでかなでられます。

四百年《よんひゃくねん》いじょうのれきしをもつ徳島県《とくしまけん》のあわおどりは、毎年《まいとし》八月《はちがつ》にひらかれます。日本全国《にほんぜんこく》から、のべ百万人《ひゃくまんにん》いじょうものかんこうきゃくがあつまります。

❶ あわおどりをおどるとき、右手《みぎて》と同時《どうじ》に前《まえ》につき出《だ》すのはどれですか。一《ひと》つに○をつけましょう。

ア　左手《ひだりて》
イ　右足《みぎあし》
ウ　左足《ひだりあし》

❷ あわおどりでかなでる二《に》びょうしの音楽《おんがく》には、三味線《しゃみせん》、ふえのほか、何《なに》をつかいますか。

（　　　　）

読《よ》んだ日《ひ》　月《がつ》　日《にち》

おいしい、さぬきうどん

太《ふと》めでこしがある、さぬきうどん。みなさんは、すきですか。さぬきうどんは、香川県《かがわけん》の名物《めいぶつ》です。香川《かがわ》ではむかし、うどんのざいりょうになる、小麦《こむぎ》のさいばいがさかんでした。また、海《うみ》にめんしているので、しおや、だしをとるためのいりこの原《げん》りょうとなる魚《さかな》もとれます。

新《しん》せんな、よいざいりょうをつかうので、おいしいうどんができるのです。うどんやさんもたくさんできて、あじをきょうそうするうちに、さぬきうどんはますますおいしくなりました。

❶ 香川県《かがわけん》の名物《めいぶつ》のさぬきうどんには、どんなとくちょうがありますか。（　）に合《あ》う言《こと》葉《ば》を書《か》きましょう。

・太《ふと》めで、（　　　）がある。

❷ 香川県《かがわけん》の海《うみ》では、うどんのだしをとるための、何《なに》の原《げん》りょうとなる魚《さかな》がとれますか。三字《さんじ》で書《か》きましょう。

読んだ日　　月　　日

39

愛媛県《えひめけん》 みかん王国《おうこく》

一年《いちねん》を通《とお》してあたたかく、晴《は》れの日《ひ》が多《おお》い愛媛《えひめ》県《けん》では、みかんのさいばいがさかんです。

なかでも、海《うみ》ぞいのしゃめんでは、石《いし》がきで作《つく》られた、みかんのだんだんばたけが多《おお》く見《み》られます。この石《いし》がきからのてりかえしの光《ひかり》、海《うみ》からはんしゃしてくる光《ひかり》、太陽《たいよう》の光《ひかり》の、三《みっ》つの光《ひかり》をたっぷりあびるため、おいしいみかんがそだつのです。

とれたみかんからは、ジャムやジュース、ゼリーなども作《つく》られます。

● みかんがそだつとちゅうであびる、三《みっ》つの光《ひかり》とは、何《なん》ですか。（　）に合《あ》う言葉《ことば》を書《か》きましょう。

・だんだんばたけにある（　　　　）からの、てりかえしの光《ひかり》。

・海《うみ》から（　　　　）してくる光《ひかり》。

・（　　　　）の光《ひかり》。

読《よ》んだ日《ひ》　月《がつ》　日《にち》

40 高知県

かつおの一本《いっぽん》づり

かつおという魚《さかな》を知《し》っていますか。体長《たいちょう》およそ九十《きゅうじっ》センチメートルほどにもなる魚《さかな》で、むれになっておよいでいます。

高知県《こうちけん》では、かつおをあみで一度《いちど》につかまえるのではなく、つりざおをつかって、一《いっ》ぴきずつつり上《あ》げる「一本《いっぽん》づり」がさかんです。

つれたかつおは、おもに、さしみにしたり、ひょうめんだけをあぶってたたきにしたりして食《た》べられています。一本《いっぽん》づりでつったかつおは、新《しん》せんでおいしいことで有名《ゆうめい》です。

❶ かつおを一本《いっぽん》づりでつり上《あ》げるときにつかう道具《どうぐ》は、何《なん》ですか。

（　　　　）

❷ 上《うえ》の文章《ぶんしょう》の内《ない》ように合《あ》う文《ぶん》はどれですか。一《ひと》つに○をつけましょう。

ア かつおは、むれになっておよぐ魚《さかな》だ。

イ 高知県《こうちけん》では、かつおをあみでつかまえる。

ウ つれたかつおは、おもにむして食《た》べる。

読んだ日　月　日

41 福岡県《ふくおかけん》
学問《がくもん》のかみさま

今《いま》から千百年《せんひゃくねん》ほど前《まえ》、菅原道真《すがわらのみちざね》という人《ひと》がいました。道真《みちざね》は、たいへんかしこい人《ひと》でした。おさないころから勉学《べんがく》にはげみ、学者《がくしゃ》としていちばんえらい「文章《もんじょう》はかせ」になりました。国《くに》をよくするために力《ちから》をつくしましたが、みにおぼえのないつみをきせられ、今《いま》の福岡県《ふくおかけん》にあった、大宰府《だざいふ》にながされました。

道真《みちざね》はそこでなくなりましたが、学問《がくもん》のかみさまとしてまつられるようになりました。道真《みちざね》をまつる神社《じんじゃ》を天満宮《てんまんぐう》といい、全国《ぜんこく》にたくさんあります。なかでも太宰府天満宮《だざいふてんまんぐう》は全国《ぜんこく》の天満宮《てんまんぐう》の中心《ちゅうしん》で、多《おお》くの人《ひと》がおまいりします。

読《よ》んだ日《ひ》　月《がつ》　日《にち》

❶ 菅原道真《すがわらのみちざね》が大宰府《だざいふ》にながされたのは、なぜですか。正《ただ》しいほうに○をつけましょう。

ア 国《くに》をよくするために力《ちから》をつくさなかったから。

イ わるいことをしていないのに、したことにさせられてしまったから。

❷ 全国《ぜんこく》にたくさんある天満宮《てんまんぐう》で、道真《みちざね》は何《なに》としてまつられていますか。

（　　　　）

有明海《ありあけかい》ののりと、むつごろう

ぱりぱりしたのりをおにぎりにまいて食《た》べると、おいしいですね。

福岡《ふくおか》、佐賀《さが》、長崎《ながさき》、熊本《くまもと》の四《よっ》つの県《けん》にめんしている有明海《ありあけかい》では、のりのようしょくがさかんです。ゆたかないそのかおりとあまみのある、おいしいのりがとれます。

また、佐賀県《さがけん》の有明海《ありあけかい》は水深《すいしん》があさく、ひがた※にはむつごろうというめずらしい魚《さかな》がすんでいます。ぴょんぴょんとびはねるむつごろうのすがたは、とてもユニークです。

※ひがた……しおが引《ひ》いたときにあらわれる、どろの地面《じめん》。

1 有明海《ありあけかい》は、いくつの県《けん》にめんしていますか。

（　　　　）

2 佐賀県《さがけん》の有明海《ありあけかい》について、正《ただ》しいほうに○をつけましょう。

ア あさい。　イ ふかい。

3 ひがたにすむ、ぴょんぴょんとびはねる魚《さかな》は、何《なん》ですか。

（　　　　）

読んだ日　月　日

43

長崎県《ながさきけん》

カステラのひみつ

みなさんは、カステラがすきですか。カステラは、むかし、ポルトガルから、長崎《ながさき》につたわったおかしだといわれています。

ポルトガルから長崎《ながさき》につたわったさいしょのカステラは、たまご、小麦粉《こむぎこ》、さとうだけで作《つく》られたかんたんなものでした。そこで、もっとおいしくするために、ざいりょうや、やき方《かた》など、さまざまなくふうがかさねられました。

今《いま》のカステラは、ふわふわなだけでなく、しっとりとしています。これは、ざいりょうに水《みず》あめなどをくわえているからです。

❶ カステラは、どこから長崎《ながさき》につたわったといわれていますか。

（　　　　）

❷ 今《いま》のカステラにつかわれているざいりょうを、小麦粉《こむぎこ》のほかに、三《みっ》つ書《か》きましょう。

（　　　　）（　　　　）（　　　　）

読《よ》んだ日《ひ》　月《がつ》　日《にち》

44

熊本県

「い草《ぐさ》」って、なに？

「い草《ぐさ》」は、たたみを作《つく》るのにつかわれる草《くさ》です。しめった土地《とち》や、あさい水《みず》の中《なか》に、細《ほそ》いくきがあつまったように生《は》えています。

熊本県《くまもとけん》では、むかしから「い草《ぐさ》」のさいばいがさかんです。

じつは、この「い草《ぐさ》」は、たたみを作《つく》るほかにもつかわれています。ちまきという、五月《ごがつ》の「たんごのせっく」のときなどに食《た》べるおかしを、ささでくるむときにむすぶひもとしても、つかわれているのです。また、ろうそくのしんにつかわれることもあります。

● 「い草《ぐさ》」は、たたみを作《つく》るほかに、何《なに》としてつかわれますか。（　）に合《あ》う言葉《ことば》を書《か》きましょう。

・五月《ごがつ》の（　　　　）のせっくのときなどに食《た》べるちまきを、（　　　　）でくるむときにむすぶひもとして。

・（　　　　）のしんとして。

読んだ日　　月　　日

45

大分県《おおいたけん》
おんせんが、いっぱい！

地中《ちちゅう》からあたたかい水《みず》がわき出《で》る、おんせん。大分県《おおいたけん》には、多《おお》くのおんせんがあります。なかでも、別府温泉《べっぷおんせん》では、青《あお》、赤《あか》、白《しろ》など、しぜんによって作《つく》り出《だ》された、さまざまな色《いろ》のゆを楽《たの》しめます。

また、由布岳《ゆふだけ》のふもとにある由布院温泉《ゆふいんおんせん》では、よいけしきをながめながら、とうめいなゆ※につかることができます。

おんせんにのんびりつかるのは、気持《きも》ちがいいものですね。

※由布院《ゆふいん》のおんせんは、とうめいなゆがほとんどですが、青《あお》いゆも出《で》ます。

読《よ》んだ日《ひ》　月《がつ》　日《にち》

❶ おんせんとは、どういうものですか。（　）に合《あ》う言葉《ことば》を書《か》きましょう。

・あたたかい水《みず》が（　　　）から、（　　　）もの。

❷ 青《あお》、赤《あか》、白《しろ》など、さまざまな色《いろ》のゆを楽《たの》しめるおんせんは、どちらですか。○をつけましょう。

ア　別府温泉《べっぷおんせん》

イ　由布院温泉《ゆふいんおんせん》

南国《なんごく》のマンゴー

宮崎県《みやざきけん》でさいばいされるマンゴーは、おいしいことで知《し》られています。なぜ、おいしいマンゴーができるのでしょうか。

それは、マンゴーがかんぜんにじゅくして、木《き》からしぜんにおちるまで、じっくりまつからです。また、マンゴーが地面《じめん》におちてきずがつかないよう、一《ひと》つ一《ひと》つのみにネットをかぶせ、その中《なか》におちるようにくふうしています。

このように、はさみをつかわないでしゅうかくするのが、マンゴーのおいしさのひみつです。

❶ マンゴーが木《き》からしぜんにおちるのは、マンゴーがどうなったときですか。正《ただ》しいほうに○をつけましょう。

ア　せいちょうがとちゅうで止《と》まったとき。

イ　かんぜんにじゅくしたとき。

❷ マンゴーが地面《じめん》におちないように、一《ひと》つ一《ひと》つのみに、何《なに》をかぶせますか。

（　　　　）

読んだ日　月　日

47

鹿児島県《かごしまけん》

おやつにも、さつまいも

鹿児島県《かごしまけん》のシンボルともいわれる桜島《さくらじま》。桜島《さくらじま》は、今《いま》も活発《かっぱつ》に活動《かつどう》する火山《かざん》です。

桜島《さくらじま》などの火山《かざん》はふん火《か》を何度《なんど》もくりかえしてきたため、鹿児島県全体《かごしまけんぜんたい》の半分《はんぶん》ほどは、シラス台《だい》地《ち》とよばれる、火山灰《かざんばい》がつもった土地《とち》となっています。

シラス台地《だいち》は、土《つち》にふくまれるえいよう分《ぶん》が少《すく》なく、かんそうしています。かんそうした土地《とち》では、お米《こめ》はそだちません。かんそうに強《つよ》い作物《さくもつ》は何《なに》かと、あれこれためしたけっか、さつまいものさいば

❶ 鹿児島県全体《かごしまけんぜんたい》の半分《はんぶん》ほどが、火山灰《かざんばい》のつもった土地《とち》なのは、なぜですか。（　）に合《あ》う言葉《ことば》を書《か》きましょう。

・今《いま》も活発《かっぱつ》に活動《かつどう》する桜島《さくらじま》などの（　　）の（　　）が、何度《なんど》もくりかえされてきたから。

❷ シラス台地《だいち》について、正《ただ》しい文《ぶん》は、どれですか。一《ひと》つに○をつけましょう。

読《よ》んだ日《ひ》　月《がつ》　日《にち》

いがはじまりました。

さつまいもは、琉球《りゅうきゅう》（沖縄《おきなわ》）から薩摩《さつま》（鹿児島《かごしま》）につたえられたもので、琉球《りゅうきゅう》いもとよばれていました。しかし、その後《ご》、薩摩《さつま》から江戸《えど》（東京《とうきょう》）につたえられてから、広《ひろ》くさつまいもとよばれるようになりました。

あたたかい気《き》こうもさつまいものさいばいにちょうどよかったので、鹿児島《かごしま》ではさつまいものさいばいが、みるみるうちにさかんになりました。

さつまいもからは、いもようかんやいもまんじゅう、スイートポテトなどのおやつも作《つく》られます。おやつにもぴったりのさつまいもは、えいようもたっぷりです。

ア　土《つち》にふくまれるえいよう分《ぶん》が少《すく》ない。

イ　お米《こめ》がよくそだつ。

ウ　かんそうに強《つよ》い作物《さくもつ》はそだたない。

❸　さつまいもという名前《なまえ》がつけられたのは、なぜですか。一《ひと》つに○をつけましょう。

ア　薩摩《さつま》から琉球《りゅうきゅう》につたえられたから。

イ　薩摩《さつま》から江戸《えど》につたえられたから。

ウ　薩摩《さつま》ではじめて作《つく》られたから。

48

沖縄県《おきなわけん》 うつくしい海《うみ》と、シーサー

沖縄県《おきなわけん》は、多《おお》くのしまじまからなり立《た》っています。日本《にほん》のもっとも南《みなみ》にあるので、一年中《いちねんじゅう》あたたかい気《き》こうです。

うつくしいことで知《し》られる沖縄《おきなわ》の海《うみ》は、マンタという魚《さかな》や、せかいでもっとも大《おお》きな魚《さかな》といわれる、じんべえざめがくらしていることでも有名《ゆうめい》です。

※シュノーケリングをしたり、海《うみ》の中《なか》が見《み》えるように作《つく》られたグラスボートにのったりすると、うんがよければ、マンタやじんべえざめに会《あ》う

❶ 沖縄県《おきなわけん》が一年中《いちねんじゅう》あたたかい気《き》こうなのは、なぜですか。どちらかに○をつけましょう。

ア 多《おお》くのしまじまからなり立《た》っているので。

イ 日本《にほん》のもっとも南《みなみ》にあるので。

❷ 沖縄《おきなわ》の海《うみ》にくらしている、せかいでもっとも大《おお》きいといわれる魚《さかな》は、何《なん》ですか。

（　　　　　　）

読《よ》んだ日《ひ》　月《がつ》　日《にち》

ことができます。

　しまの中《なか》を歩《ある》いていると、あちらこちらのたてもののやねの上《うえ》や門《もん》などに、ライオンのような形《かたち》をしたおきものがかざられているのが、目《め》に入《はい》ります。これは、シーサーといって、まよけとしてかざられています。シーサーのしせいやひょうじょうは、さまざまです。おもしろいですね。

※シュノーケリング……マスクやフィンをつけて、シュノーケルとよばれるまがったくだの一方《いっぽう》のはしを水面上《すいめんじょう》に出《だ》し、もう一方《いっぽう》を口《くち》にくわえて、いきをしながらおよぎ、水中《すいちゅう》のけしきや魚《さかな》を見《み》て楽《たの》しむこと。

❸ 海《うみ》の中《なか》が見《み》えるように作《つく》られたのりもののことを、何《なん》といいますか。

（　　　　）

❹ シーサーについて、正《ただ》しい文《ぶん》は、どれですか。二《ふた》つに○をつけましょう。

ア　たてもののやねの上《うえ》や、門《もん》などにおいてある。

イ　マンタのような形《かたち》をしている。

ウ　まよけとしてかざられている。

エ　どれも同《おな》じしせいやひょうじょうである。

答えとアドバイス

おうちの方へ
◎解き終わったら、できるだけ早めに答え合わせをしてあげましょう。
◎まちがった問題は、もう一度やり直させてください。

1 はじめに 4〜5ページ

❶ ウ
❷ 一
❸ エ
❹ 山形
❺ くわがた虫

【アドバイス】
❸ 県が四十三で最多です。

2 北海道 6〜7ページ

❶ もっとも北
❷ 七月
❸ きたきつね
❹ イ
❺ くじら

【アドバイス】
❶「北」でも正解とします。

3 青森県 8ページ

❶ 夏
❷ イ

【アドバイス】
❷ 元気なかけ声は、「ラッセラー、ラッセラー。」です。

4 岩手県 9ページ

❶ ぎざぎざ
❷ ながれ

【アドバイス】
❶・❷ 文が正しくつながるように、（　）に合う言葉を文章中から抜き出します。

5 宮城県 10ページ

❶ 米作り
❷ 一口

【アドバイス】

「ひとめぼれ」は、宮城県で作られ始めました。「コシヒカリ」などと同じく、米の品種名です。

6 秋田県 11ページ

❶ 大みそか
❷ イ

【アドバイス】
❶「大みそか」が十二月三十一日を表すことを確認してください。

7 山形県
12ページ

❶ 台風
❷ イ

【アドバイス】
❷「さくらんぼのさいばいには、おどろくほどの手間がかかります。」とあります。

8 福島県
13ページ

❶ ウ
❷ ふん火

【アドバイス】
❷ 赤沼、青沼、瑠璃沼《るりぬま》など大小数十の沼の総称である五色沼《ごしきぬま》は、磐梯山《ばんだいさん》の噴火によってできました。

9 茨城県
14ページ

❶ 水戸市
❷ ねばねば・さらさら

【アドバイス】
❶「三字で」という指定があるので、「水戸」ではなく、「水戸市」と答えます。

10 栃木県
15ページ

❶ 神社・ちょうこく

【アドバイス】

「見ざる、言わざる、聞かざる」は、「見ない、言わない、聞かない」という意味だということを教えてあげてください。

11 群馬県
16ページ

❶ 食物せんい
❷ こんにゃくいも

【アドバイス】
❶ この言葉は、こんにゃくの栄養素について詳しくわかる前の江戸時代から使われていたようです。

12 埼玉県
17ページ

❶ しょうゆ・かたやき
❷ イ

【アドバイス】
❷ かたく焼いたせんべいは、水分が少なくなっているので、長持ちします。

13 千葉県
18〜19ページ

❶ 千葉・海外・ひこうき・げんかん
❷ かっ走路
❸ イ

【アドバイス】
❷ 成田国際空港の滑走路は国内最大級の長さです。

14 東京都
20〜21ページ

❶ イ
❷ 東京タワー
❸ ウ・オ

【アドバイス】
❸ 東京スカイツリーは、上へ行くほど横断面が円くなる構造をしています。

15 神奈川県 22〜23ページ

❶ 外国・しなもの・船・みなと
❷ 生糸
❸ 中国人

【アドバイス】

江戸時代がいつごろか、教えてあげてください。

16 新潟県 24ページ

❶ にごった・つる
❷ イ

【アドバイス】
❶ 第一段落に書いてあるときの特徴を、丁寧に読み取ります。

17 富山県 25ページ

❶ しんきろう
❷ ア

【アドバイス】
❷ 「のびたり、さかさまになったりして」と書いてあることから、答えを選びます。

18 石川県 26ページ

❶ うるしぬり
❷ かんこうきゃく

【アドバイス】
❷ 設問にある「地元の人」は、最後の段落の「近くにすむ人」と同じ意味を表しています。

19 福井県 27ページ

❶ おいしい・ずわいがに
❷ かいだん

【アドバイス】
❷ 海底の地形が、山の斜面にある段々畑のようになっているのです。

20 山梨県 28ページ

❶ ぶどう
❷ 水はけ・光

【アドバイス】
❷ 第三段落の内容を理解して、（　）に合う言葉を文章中から書き抜きます。

21 長野県 29ページ

● りんご・白さい・やさい

【アドバイス】

一つ目は、「（　）やぶどうなどのくだもの」となっているので、（　）には果物の名前が入ります。

22 岐阜県 30ページ

● てのひら・雪・きゅう

【アドバイス】

かやぶきの屋根がてのひらを山形に合わせたように組まれているので、「合掌造り」といいます。

23 静岡県 31ページ

❶ 茶つみ
❷ イ

【アドバイス】
❷ 茶畑は「つやつやとした深緑色」とあります。茶の新芽は、黄緑色です。

24 愛知県 32～33ページ

❶ 天しゅかく
❷ とら・とげ
❸ ウ

【アドバイス】
❸ すべての選択肢を丁寧に読み、正しい答えを選ぶ習慣をつけましょう。

25 三重県 34ページ

❶ あこや貝
❷ ア

【アドバイス】
❷ 真珠作りは、ア、イ、ウの順番に行われます。そして、貝の中で育った真珠を取り出します。

26 滋賀県 35ページ

❶ たぬき
❷ やきもの

【アドバイス】
信楽《しがらき》は、滋賀県南部の地方です。信楽焼《しがらきやき》の産地として有名です。

27 京都府 36～37ページ

❶ ア
❷ 京都
❸ ア
❹ イ

【アドバイス】
❹ 銀閣寺は「おちついたふんい気」とあります。

28 大阪府 38～39ページ

❶ ア
❷ げいのう
❸ おいしい
❹ たこやき

【アドバイス】
❶ 第一段落に漫才とコントの違いを書いています。

29 兵庫県 40ページ

❶ さとう
❷ たんさん

【アドバイス】
❷ 炭酸の勢いで、ふたが飛んでしまうことから、「てっぽう水」という名前がついていたのです。

30 奈良県 41ページ

❶ ア
❷ 野生のしか

【アドバイス】
❷ 「五字で」という指定があるので、「しか」ではなく、「野生のしか」と答えます。

31 和歌山県 42ページ

❶ 水はけ
❷ 南高うめ

【アドバイス】
❶「日当たりがよく、水はけのよい土地」という表現から、答えを考えます。

32 鳥取県 43ページ

❶ イ
❷ らっきょう

【アドバイス】
❷ 鳥取砂丘の周辺では、かんがいによる開発が進められ、らっきょうの栽培が行われています。

33 島根県 44ページ

❶ しじみ
❷ 夕日

【アドバイス】
❷ 答えとなる文中の「みずうみ」とは、宍道湖《しんじこ》のことだということに、気づくようにします。

34 岡山県 45ページ

❶ ア
❷ きびだんご

【アドバイス】
❶ 日本の各地に「桃太郎」の話は残っていますが、最も有名なのが、岡山県に伝わる伝説です。

35 広島県 46ページ

❶ 海・赤い
❷ ア

【アドバイス】
❷「宮島」とは、厳島《いつくしま》神社というお宮がある島、という意味です。

36 山口県 47ページ

❶ カルスト台地
❷ どうくつ

【アドバイス】
カルスト台地である秋吉《あきよし》台《だい》の下にある洞窟《どうくつ》が秋芳洞《あきよしどう》である、という関係をとらえます。

37 徳島県 48ページ

❶ イ
❷ たいこ

【アドバイス】
❶ 阿波踊《あわおど》りは、両手を上げたままで踊ります。右手と同時に前に突き出すのは、右足です。

38 香川県 49ページ

❶ こし
❷ いりこ

【アドバイス】
❷ 小さな雑魚《ざこ》(いわしなど)をいって干したものが、「いりこ」です。

39 愛媛県 50ページ

● 石がき・はんしゃ・太陽

【アドバイス】
三つの光を浴びるのは、海沿いの斜面で栽培されるみかんであることをおさえます。

40 高知県 51ページ

❶ つりざお
❷ ア

【アドバイス】
❶ 網で一度にとるのに比べ、一本釣りの場合は、かつおの鮮度をより保てるそうです。

41 福岡県 52ページ

❶ イ
❷ 学問のかみさま

【アドバイス】
❶ 「罪を着せる」の意味を教えてあげてください。
❷ 「かみさま」だけでは不正解とします。

42 佐賀県 53ページ

❶ 四つ
❷ ア
❸ むつごろう

【アドバイス】
❶ 「四」と答えても正解とします。
❸ むつごろうは、食用にもなるハゼ科の海魚です。

43 長崎県 54ページ

❶ ポルトガル
❷ たまご・さとう・水あめ（順不同）

【アドバイス】
❷ 「さいしょのカステラ」と「今のカステラ」から、答えを考えます。

44 熊本県 55ページ

● たんご・ささ・ろうそく

【アドバイス】

いろいろな用途があるい草ですが、主に、畳表として使われることをとらえておきます。

45 大分県 56ページ

❶ 地中・わき出る
❷ ア

【アドバイス】
❷ 注釈の部分にも、由布院《ゆふいん》の温泉は、透明な湯がほとんどであると書いています。

46 宮崎県 57ページ

❶ イ
❷ ネット

【アドバイス】
❶・❷ 成長しきって、完全に熟したマンゴーは、木から自然に落ちるので、ネットで受け止めます。

47 鹿児島県 58〜59ページ

❶ 火山・ふん火
❷ ア
❸ イ

【アドバイス】
❷ シラス台地は乾燥していますが、乾燥に強いさつまいもは栽培できます。

48 沖縄県 60〜61ページ

❶ イ
❷ じんべえざめ
❸ グラスボート
❹ ア・ウ

【アドバイス】
❸ 底の部分がガラス張りになっている船です。

◆デザイン　川畑あずさ
◆イラスト　ふわこういちろう
◆編集協力　倉本有加，田中裕子
◆DTP　株式会社四国写研

東京スカイツリー，スカイツリーは東武鉄道㈱・東武タワースカイツリー㈱の登録商標です。

この本は，下記のように環境に配慮して製作しました。
※製版フィルムを使わない，CTP方式で印刷しました。
※環境に配慮した紙を使用しています。

おはなしドリル　都道府県のおはなし　低学年

2015年11月24日　初版発行
2025年1月1日　第18刷発行

編者　学研プラス
発行人　川畑勝
編集人　志村俊幸
編集担当　小出貴也
発行所　株式会社Gakken
〒141-8416
東京都品川区西五反田2-11-8
印刷所　株式会社広済堂ネクスト

◎この本に関する各種お問い合わせ先
本の内容については，下記サイトのお問い合わせフォームよりお願いします。
https://www.corp-gakken.co.jp/contact/
在庫については
Tel 03-6431-1199（販売部）
不良品（落丁，乱丁）については
Tel 0570-000577
学研業務センター
〒354-0045 埼玉県入間郡三芳町上富279-1
上記以外のお問い合わせは
Tel 0570-056-710（学研グループ総合案内）

学研グループの書籍・雑誌についての新刊情報・詳細情報は，下記をご覧ください。
学研出版サイト　https://hon.gakken.jp/

⑱